Les cartes d'animaux marins peuvent servir de support de discussion et d'observation. Installez-vous avec votre enfant, les cartes

étalées devant vous, et lancez la discussion ! « C'est incroyable, cette diversité chez les animaux marins ! Il y en a qui sont vraiment étranges... Regarde celui-ci ! Comment peut-il faire pour se déplacer ? »

Piquez la curiosité de votre enfant avec quelques questions ouvertes, ou remarques, pour l'amener à observer les détails et à se poser des questions.

Vous pouvez ensuite lire le petit texte associé à chaque animal (que vous trouverez dans ce livret), au moins pour les animaux qui l'intéressent. Attention à ne pas assommer votre enfant d'informations qu'il n'a pas demandées.

2 Mettre en paires

Avec les cartes des animaux renseignées et non renseignées

C'est une activité très simple et appréciée des petits. Elle permet de faire connaissance petit à petit avec les animaux présentés sur les cartes. Cette activité développe également la capacité à s'organiser dans l'espace et stimule le sens de l'observation.

Préparez deux piles : les cartes renseignées d'une part, les cartes non renseignées de l'autre.

Montrez à votre enfant comment disposer devant lui les cartes renseignées (celles qui portent le nom de l'animal) en colonne – à aménager selon votre espace. La première fois, vous pouvez commencer avec moins de cartes, 10 paires, par exemple.

Prenez une **carte non renseignée** sur la pile, observez-la et dites que vous allez chercher sa jumelle parmi les cartes déjà posées. Demandez à votre enfant s'il la voit. Il va la pointer du doigt. Placez alors la carte que vous avez en main à droite de la carte renseignée qu'il vous a montrée. Si c'est la bonne, proposez-lui de continuer l'exercice de cette façon s'il en a envie.

S'il se trompe, ne dites rien et attendez. Il va certainement s'en apercevoir tout seul et se corriger au cours de l'activité. Laissez-le voir et rectifier ses erreurs.

Une fois lancé, votre enfant peut prendre petit à petit plus de paires, pour finalement utiliser les 30 paires. Quand l'enfant mène cette activité tout seul, du début à la fin, il exerce sa capacité à se concentrer pendant un long moment. Évidemment, cette activité lui permet aussi d'apprendre le nom des animaux marins.

Pour aider un enfant qui n'arrive pas à se concentrer longtemps, vous pouvez faire ce jeu en alternance avec lui. Piochez chacun votre tour une carte et posez-la à sa place. Le fait que vous participiez va relancer son enthousiasme et l'aider à persévérer.

3 Associer les billets de lecture

Avec les cartes en 3 parties (cartes renseignées + cartes non renseignées + billets de lecture)

L'enfant qui commence la lecture peut utiliser les cartes pour s'exercer à lire et à développer son vocabulaire. Assurez-vous avant de commencer qu'il connaît déjà les cartes. S'il ne connaît pas les noms des animaux présentés, il pourrait se trouver en difficulté car ce n'est pas toujours facile de lire des noms inconnus.

S'il vient d'effectuer l'activité de mise en paires (activité 2), laissez les cartes telles qu'elles sont et procédez comme suit :

1- Retournez les **cartes renseignées** pour cacher les noms des animaux, et dites à votre enfant que vous allez jouer à un petit jeu de détective.

2- Prenez les **billets de lecture**. Proposez à votre enfant d'essayer de lire les noms et de les associer aux animaux des cartes non renseignées qui sont devant vous. Au début, cela risque d'être difficile, mais rapidement, il connaîtra tous les noms !

3- Une fois que tous les billets de lecture sont posés, montrez à votre enfant comment se corriger : en retournant tout simplement les cartes renseignées qui étaient masquées. Cette autocorrection est importante, elle permet à l'enfant de faire l'activité seul, à vous, de ne pas jouer au professeur en cherchant à le corriger.

Cette activité n'est pas facile à réaliser du premier coup avec les 30 animaux. Vous pouvez commencer par une sélection de 5, 10, puis 20... Il n'est même pas nécessaire de la réaliser avec toutes les cartes. C'est selon l'envie de votre enfant.

Si vous démarrez cette activité sans passer par la mise en paires de l'activité 2, placez simplement les **cartes non renseignées** en plusieurs colonnes, et associez les billets de lecture aux images. La correction se fait alors en plaçant les **cartes renseignées** à côté des cartes déjà posées. Plutôt qu'au début, la mise en paires se fait à la fin, en guise de conclusion.

4 Le jeu des devinettes

Une fois que votre enfant connaît bien les différents animaux présentés dans le coffret, vous pouvez utiliser les textes de ce livret

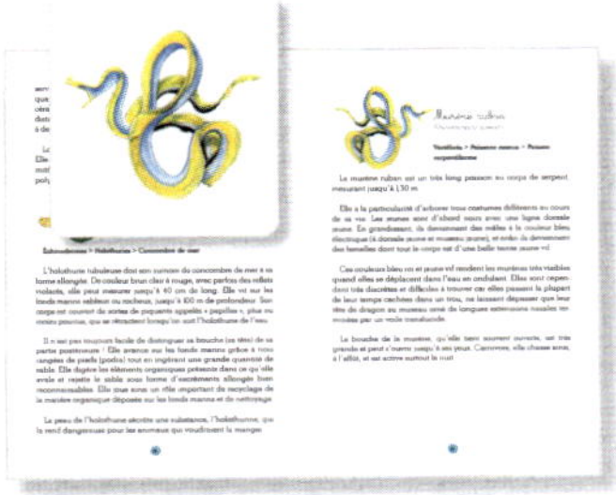

pour un jeu de devinettes. Choisissez une description et lisez-la à votre enfant sans mentionner le nom de l'animal.

Vous pouvez simplifier le jeu en disposant devant votre enfant un choix de **cartes non renseignées**, la réponse se trouve parmi elles. Vous avez ainsi la possibilité d'adapter la difficulté à l'âge et aux connaissances de votre enfant.

Un enfant lecteur pourra aussi vous poser des devinettes. Prêtez-vous à ce jeu, il sera ravi !

Un enfant plus grand peut aussi créer ses propres devinettes en écrivant un petit texte sur d'autres animaux marins et vous les faire deviner. Pour cela, il doit avoir des livres sur le sujet adaptés à son niveau.

5 Les cartes de la zone pélagique de l'océan

Avec les 5 cartes de la zone pélagique et les 30 cartes renseignées des animaux marins.

Dans un premier temps, découvrez avec votre enfant les 5 cartes des couches de l'océan. Expliquez-lui que l'océan se divise en différentes couches, en fonction de la profondeur et de la quantité de lumière qui y pénètre. Les animaux qui y vivent ont dû s'adapter à ces environnements variés.

Pour chaque couche, il y a un petit texte explicatif dans ce livret. Lisez-les ensemble, tout en disposant les cartes dans le bon ordre pour reconstituer l'image.

Faites remarquer à votre enfant que cet océan est bien vide... Où sont passés les animaux marins, qui sont si nombreux habituellement ? Proposez-lui de les retrouver !

Prenez les cartes renseignées des animaux marins et tentez de les trier ensemble en fonction de leur lieu de vie (la zone océanique dans laquelle ils sont le plus souvent). Placez les cartes en ligne à côté de la couche correspondante.

Si vous avez des doutes, vous pouvez lire les textes sur les animaux (*cf.* p. 12) pour trouver des indices. Pour vous corriger, à la fin de l'activité, retournez les cartes des animaux. Au dos est indiqué le numéro de la couche dans laquelle ils vivent.

Grâce à ce tri, votre enfant s'apercevra qu'il y a de moins en moins de vie à mesure qu'on s'enfonce vers les abîmes. Les animaux se raréfient quand les conditions de vie deviennent extrêmes.

6 Les planches d'anatomie des animaux

Avec les 5 grandes cartes présentant 5 animaux et les étiquettes associées.

Dans l'océan, une grande diversité d'espèces cohabitent. Il est bien difficile de les présenter toutes. Cependant, voici 5 planches pour étudier différents types d'anatomie d'animaux marins : un dauphin, un poisson osseux, un calmar (céphalopode), un crabe et une tortue de mer.

Cela permet à votre enfant de commencer à comprendre la classification des animaux. En effet, nous classifions les choses qui nous entourent pour mieux les étudier, les organiser et comprendre les relations qu'il y a entre elles. Les animaux sont classés selon des caractéristiques communes, qu'ils soient terrestres ou marins. Ainsi, les baleines appartiennent à la catégorie des mammifères car, comme les mammifères terrestres, elles possèdent des poumons (et non des branchies), leur petit grandit dans une poche pleine de liquide, à l'intérieur de l'abdomen, et il est allaité à la naissance. Les poissons, quant à eux, pondent des œufs et possèdent des branchies pour respirer. Les tortues marines sont identiques aux tortues terrestres et présentent les mêmes caractéristiques, principalement celle d'avoir une carapace. Le calmar est un céphalopode qui, comme son nom l'indique, a les pieds sur la tête (céphalo = tête ; pode = pied). Le crabe, avec son squelette externe articulé, est un arthropode.

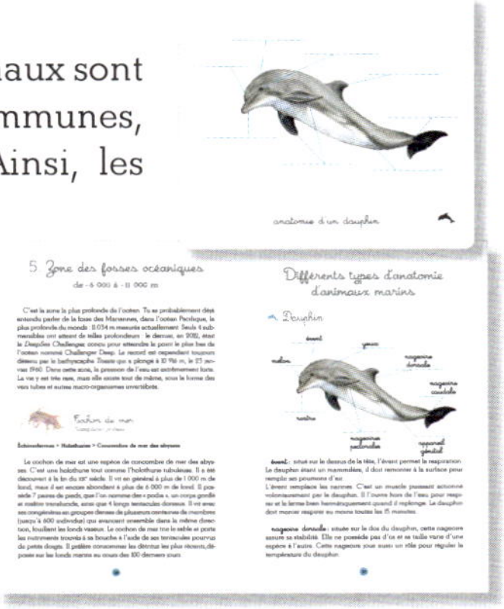

Présentez les cartes d'anatomie une à une à votre enfant, en prenant soin de trier les étiquettes au préalable. Vous pouvez les distinguer grâce au petit pictogramme figurant dessus.

Ensuite, tout en discutant avec votre enfant et en vous posant des questions à voix haute, aidez-le à placer les étiquettes pour nommer les parties du corps de l'animal.

Les corrections se trouvent dans ce livret (p. 37 et suivantes).

Histoire de l'océan

On appelle notre planète la « planète bleue » parce que, vue de l'espace, elle apparaît très bleue. D'ailleurs, si tu pouvais voyager dans l'espace et la regarder du côté de l'océan Pacifique, en te positionnant bien, tu pourrais la voir entièrement bleue :

C'est impressionnant, n'est-ce pas ?

En effet, les océans recouvrent 71 % de la surface de la Terre, et la profondeur moyenne de ceux-ci est de 3800 m.

On dit souvent que les océans sont les véritables poumons de la planète, mais qu'est-ce que cela veut dire ? En effet, les océans rejettent de grandes quantités de dioxyène (O_2) dans l'atmosphère. Cela est possible grâce au phytoplancton, des milliers d'algues microscopiques en suspension dans l'eau qui ont le même rôle qu'une immense forêt : par le phénomène de la photosynthèse*, ces algues, tout comme les arbres, produisent le dioxygène que tu respires.

Les scientifiques estiment que le phytoplancton produit à lui seul la moitié du dioxygène de la planète ! Une partie sert aux animaux marins et l'autre partie est rejetée dans l'atmosphère. En plus de produire du dioxygène, le phytoplancton joue un rôle de filtre en absorbant du dioxyde de carbone (CO_2).

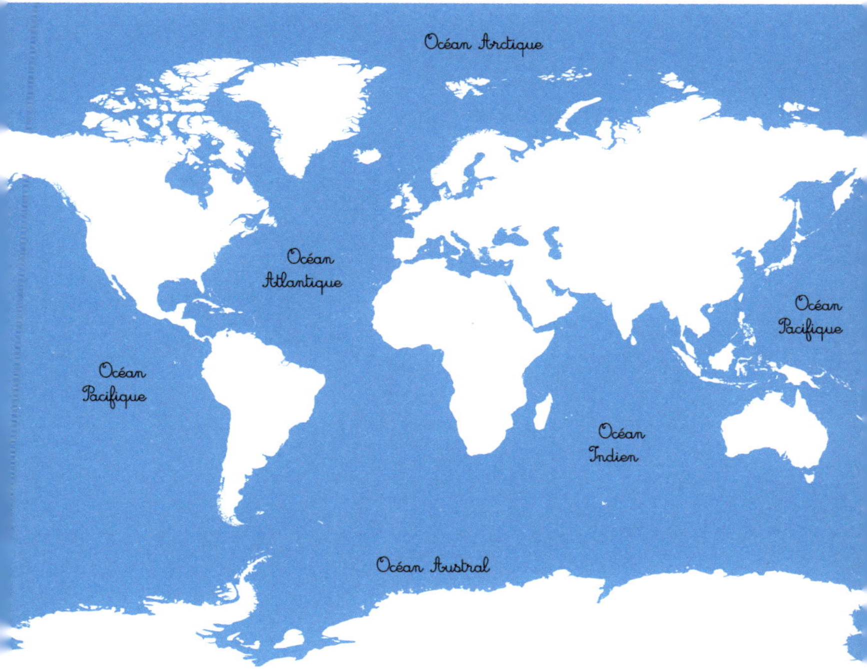

Cette immense surface d'eau a été divisée en grandes zones géographiques portant des noms différents (par exemple l'océan Atlantique, Indien, la mer Méditerranée...). Cependant tous ces océans et ces mers sont connectés les uns aux autres.

L'océan est un lieu magique et mystérieux, un très grand nombre d'animaux et de végétaux y vivent, et dans ce coffret, tu vas découvrir une petite partie de cette richesse. Les animaux qui vivent sous l'eau ont les mêmes besoins que ceux qui vivent sur terre : eau, dioxygène et nourriture. Eh oui, sur terre comme dans l'eau, tous les êtres vivants ont besoin de dioxygène pour respirer. Tout comme l'air, l'eau contient du dioxygène dissous. En effet, nous l'avons déjà vu plus haut, les plantes aquatiques rejettent du dioxygène dans l'eau. Les animaux marins, comme les poissons, peuvent respirer dans l'eau en prélevant directement le dioxygène dissous grâce à leurs branchies.

Nous connaissons environ 240 000 espèces marines, et les scientifiques pensent qu'il en existe entre 10 et 100 millions ! L'eau serait donc bien plus peuplée que la surface de la Terre ! N'oublions pas que c'est là que la vie a commencé, il y a 3,7 milliards d'années.

La zone pélagique :

On appelle zone pélagique la partie de l'océan qui se situe à distance des côtes et qui va de la surface de l'eau jusqu'au fond (*pélagos* en grec ancien signifie « haute mer »). On appelle aussi cette zone l'océan ouvert. C'est là que vivent les plus grandes espèces animales.

Les océanographes distinguent différentes couches d'eau dans la zone pélagique, en fonction de la profondeur et de la quantité de lumière qui y arrive.

Chaque couche possède des caractéristiques différentes et est habitée par des espèces différentes qui n'ont pas les mêmes besoins. Certaines ont été capables de s'adapter à des milieux extrêmes, car plus on s'enfonce en profondeur, moins il y a de nourriture, moins il y a de lumière et plus la pression de l'eau augmente.

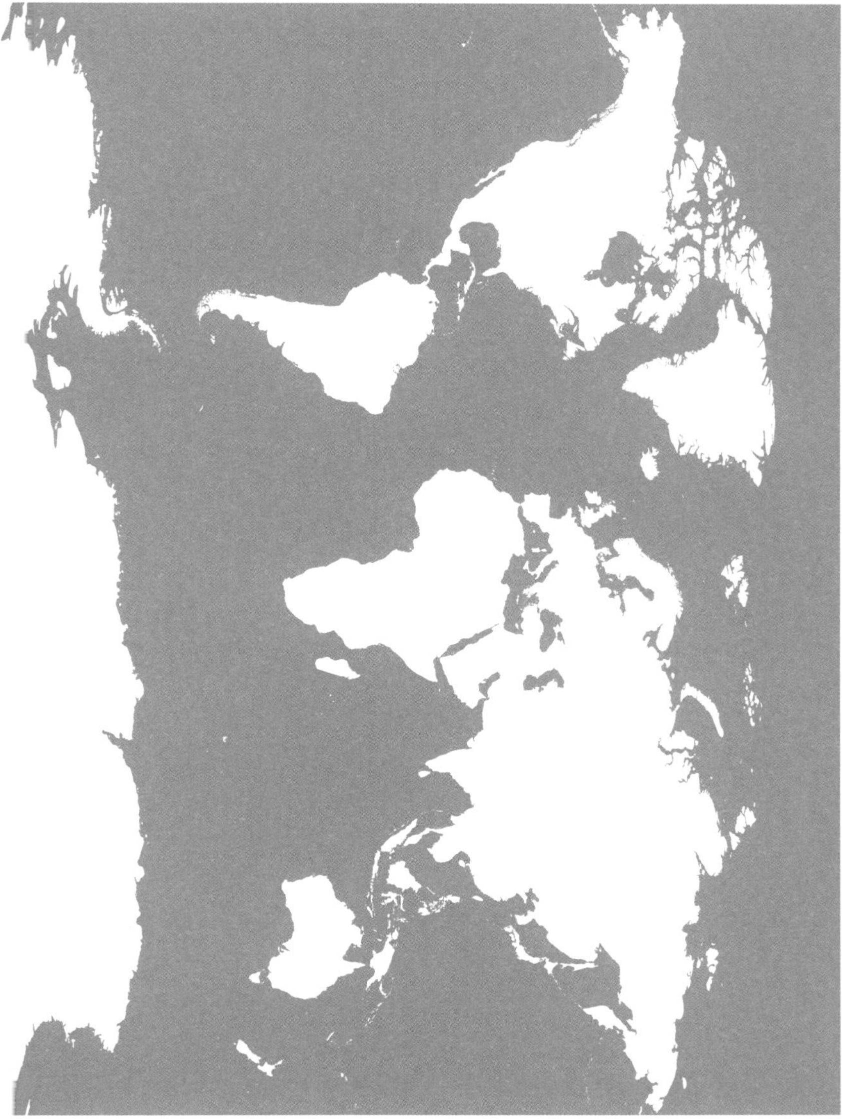

Tu peux fabriquer des étiquettes avec les noms des océans et t'entraîner à les placer sur cette carte vierge. Corrige-toi ensuite en regardant la carte de la page précédente.

1 La couche superficielle de l'océan

jusqu'à -200 m

La première couche est appelée aussi la « couche ensoleillée ». Directement située sous les rayons du soleil, elle est la couche la plus chaude et la plus lumineuse de l'océan. Elle s'étend de la surface de l'océan à environ – 200 m.

C'est évidemment la zone la plus explorée de l'océan car la plus facile d'accès. Elle est aussi la plus peuplée. Elle contient tous les récifs coralliens et les forêts de varech, on y trouve aussi des baleines et quantité d'autres animaux marins très variés.

Cette couche superficielle devient la zone littorale quand on se rapproche des côtes. Elle abrite une multitude de formes de vie, principalement des petits crustacés, des étoiles de mer et des petites algues.

Anémone magnifique

Heteractis magnifica

Cnidaires > Actiniaires/Anémone de mer

L'anémone magnifique est un animal très étrange. Comme toutes les anémones de mer, elle est composée d'un pied, solidement collé à un support dur, et d'une sorte de disque ovale évasé qui porte de très nombreux tentacules. Au milieu des tentacules se trouve sa bouche, un peu surélevée.

L'extérieur du disque est souvent de couleur unie et vive (magenta ou pourpre) et les tentacules, en forme de doigts, ont les extrémités colorées de vert, jaune ou violet. L'anémone de mer est capable de se refermer en boule, ne laissant apparaître que quelques tentacules.

Elle entretient une relation de symbiose avec une espèce d'algues qui lui fournit une partie de son énergie. Pour le reste, elle se nourrit en capturant les proies qui passent à portée de ses tentacules venimeux. Seules quelques espèces ne craignent pas son poison et s'installent entre les tentacules de l'anémone magnifique. Il s'agit des poissons-clowns (12 espèces différentes), de la demoiselle à trois points, du crabe porcelaine et des petites crevettes. En contrepartie de cet habitat protégé, les poissons-clowns nettoient l'anémone en mangeant les restes de nourriture et la défendent contre ses prédateurs, comme les poissons-papillons. Certaines anémones peuvent mourir si on leur enlève leurs poissons-clowns.

Baleine bleue

Balaenoptera musculus

Vertébrés > Mammifères marins > Cétacé à fanons

La baleine bleue (ou rorqual bleu) est le plus grand animal de la planète et serait même le plus gros qui ait existé à ce jour. Elle pèse autant que 33 éléphants et peut mesurer jusqu'à 30 m.

C'est une espèce que l'on rencontre dans tous les océans de la planète car elle effectue de longues migrations saisonnières : elle passe l'hiver près des pôles pour se nourrir de crevettes (le krill) qui se plaît dans les eaux froides, puis voyage vers les eaux tropicales où elle passe l'été pour se reproduire. En effet, le baleineau n'a pas suffisamment de graisse (qui sert de protection thermique) pour naître en eaux froides.

La baleine est un mammifère à poumons, elle doit donc remonter à la surface pour respirer. Elle élève son évent au-dessus de l'eau en projetant un jet d'air comprimé. Un souffle qui monte très haut et se repère de loin. Elle aspire ensuite une très grande qualité d'air (ses poumons peuvent en contenir 5 000 litres) et peut tenir ainsi vingt minutes sous l'eau. Pour se nourrir, elle suit la migration verticale du krill : elle reste en surface la nuit, et à plus de 100 m de profondeur en journée. Son immense bouche est remplie de fanons qui filtrent l'eau qu'elle rejette. Le krill, qui ne passe pas à travers les fanons, est piégé et avalé.

La baleine bleue est une espèce menacée de disparition. Autrefois très chassée par les baleiniers avant l'interdiction de la chasse commerciale, elle subit aujourd'hui le réchauffement climatique. Et malheureusement, quelques pays comme l'Islande, le Japon ou la Norvège continuent de pratiquer la chasse à la baleine.

Corail rouge

Corallium rubrum

Cnidaires > Corail durs > Corail ramifié

Un corail est en fait une colonie d'animaux minuscules (les polypes) qui vivent sur un squelette dur et rouge. Chaque animal se présente comme une anémone miniature avec ses tentacules pour capturer de la nourriture. Comme les coraux ne peuvent pas bouger, ils sont dépendants des courants marins et des mouvements des poissons autour d'eux qui déplacent l'eau et rabattent la nourriture vers eux. Les polypes du corail hébergent aussi une algue qui fournit nutriments et dioxygène au corail et lui donne sa jolie couleur rouge.

Les coraux ne sont pas très répandus, ils ne couvrent que 1 % des fonds marins, car ils ont besoin d'un environnement spécifique et n'aiment pas les changements de température. Cependant, les récifs coralliens abritent plus d'espèces différentes que n'importe quel autre endroit de l'océan. C'est une richesse infinie que nous devons protéger.

Crabe arlequin

Lissocarcinus orbicularis

Arthropodes > Crustacés > Crabe

C'est un petit crabe (environ 4 cm) bien reconnaissable à son habit blanc-beige tacheté de rouge. Il vit à proximité des concombres de mer ou des anémones de mer sur lesquels il s'installe et trouve sa nourriture. On parle de commensalisme (qui signifie « compagnon de table »). C'est une relation dans laquelle l'hôte, ici le concombre de mer, fournit une partie de sa nourriture à l'autre espèce, ici le crabe arlequin. Pour le concombre de mer, ce n'est ni bénéfique ni nuisible.

On trouve de nombreux types de relations entre les animaux marins, comme le poisson-clown qui vit en symbiose avec l'anémone de mer. D'ailleurs, si l'une d'elles est déjà habitée par un poisson-clown, le crabe arlequin ne s'y installe pas !

Dauphin bleu et blanc

Stenella coeruleoalba

Mammifères > Cétacés > Dauphin

C'est une espèce de dauphin assez courante, peuplant toutes les mers et tous les océans. Ces dauphins aiment vivre en groupes d'une vingtaine d'individus, et parfois plus. Il leur arrive aussi de se mélanger aux dauphins communs. On différencie le dauphin stenelle grâce à sa silhouette plus élancée et à son costume : une grande flamme claire décore son flanc et trois petites bandes grises partent de son œil.

Il vit généralement au large, se déplaçant en suivant les bancs de petits poissons dont il se nourrit. Il chasse en groupe, plutôt la nuit ou le matin tôt. Entre congénères, ils sont assez tactiles, se font des câlins, mais ne restent pas en couple de manière prolongée.

Le delphineau naît dans l'eau et le risque de noyade est important car il n'a pas encore d'air dans ses poumons ; or il a besoin de cet air pour rester sous l'eau. Il doit rapidement être amené à la surface pour prendre sa première inspiration. Souvent, une autre femelle assiste à l'accouchement et s'occupe d'aider le petit à rejoindre la surface.

Étoile de mer royale

Astropecten articulatus

Échinodormes > Astérides > Étoile de mer

L'étoile de mer royale arbore un beau violet profond bordé d'orange et de blanc. Cette belle créature est très répandue sur les côtes sableuses du sud-est des États-Unis, le plus souvent entre 20 et 30 m de profondeur.

À l'aube et au crépuscule, elle fouille le sable à la recherche de nourriture grâce à la rangée d'épines qui borde ses 5 bras triangulaires. Ces épines blanches, que l'on appelle « denticules », sont articulées.

Ses plats préférés sont constitués de mollusques, qu'elle porte à sa bouche – située au centre de sa face inférieure – à l'aide de ses bras. Contrairement à d'autres étoiles de mer, elle avale ses proies qui sont ensuite digérées dans son estomac.

Tout comme la plupart des étoiles de mer, elle est capable de régénérer un de ses bras qui aurait été coupé.

Flabelline châle espagnol

Flabellina iodinea

Mollusques > Gastéropodes > Nudibranche

La flabelline châle espagnol est une limace de mer. Elle fait partie des gastéropodes* marins, mais n'a pas de coquille (de même que la limace terrestre). Elle vit sur les fonds rocheux ou coralliens ou sur les fonds sableux. La flabelline châle espagnol porte sur le dos des groupes de « cérates » rougeâtres plus ou moins transparents. Ce sont des sortes d'appendices de peau qui peuvent se déployer et qui servent à la respiration. Ils sont aussi parfois utilisés comme un leurre : quand elle est attaquée, la limace laisse tomber un ou plusieurs cérates qui se tortillent énergiquement sur le sol pendant un moment, distrayant le prédateur. Ce qui permet à la limace de s'éclipser ! Grâce à des flexions de son corps, elle peut aussi nager pour s'échapper.

La flabelline châle espagnol se nourrit d'anémones de mer. Elle neutralise leurs cellules urticantes et stocke ce poison à l'extrémité de ses papilles pour assurer sa défense. Elle mange aussi des polypes orangés, qui lui donnent sa couleur.

Holothurie tubuleuse

Holothuria tubulosa

Échinodermes > Holothuries > Concombre de mer

L'holothurie tubuleuse doit son surnom de concombre de mer à sa forme allongée. De couleur brun clair à rouge, avec parfois des reflets violacés, elle peut mesurer jusqu'à 40 cm de long. Elle vit sur les fonds marins sableux ou rocheux, jusqu'à 100 m de profondeur. Son corps est couvert de sortes de piquants appelés « papilles », plus ou moins pointus, qui se rétractent lorsqu'on sort l'holothurie de l'eau.

Il n'est pas toujours facile de distinguer sa bouche (sa tête) de sa partie postérieure ! Elle avance sur les fonds marins grâce à trois rangées de pieds (podia) tout en ingérant une grande quantité de sable. Elle digère les éléments organiques présents dans ce qu'elle avale et rejette le sable sous forme d'excréments allongés bien reconnaissables. Elle joue ainsi un rôle important de recyclage de la matière organique déposée sur les fonds marins et de nettoyage.

La peau de l'holothurie sécrète une substance, l'holothurine, qui la rend dangereuse pour les animaux qui voudraient la manger.

Murène ruban

Rhinomuraena quaesita

Vertébrés > Poissons osseux > Poisson serpentiforme

La murène ruban est un très long poisson au corps de serpent, mesurant jusqu'à 1,30 m.

Elle a la particularité d'arborer trois costumes différents au cours de sa vie. Les jeunes sont d'abord noirs avec une ligne dorsale jaune. En grandissant, ils deviennent des mâles à la couleur bleu électrique (à dorsale jaune et museau jaune), et enfin ils deviennent des femelles dont tout le corps est d'une belle teinte jaune vif.

Ces couleurs bleu roi et jaune vif rendent les murènes très visibles quand elles se déplacent dans l'eau en ondulant. Elles sont cependant très discrètes et difficiles à trouver car elles passent la plupart de leur temps cachées dans un trou, ne laissant dépasser que leur tête de dragon au museau orné de longues extensions nasales terminées par un voile translucide.

La bouche de la murène, qu'elle tient souvent ouverte, est très grande et peut s'ouvrir jusqu'à ses yeux. Carnivore, elle chasse ainsi, à l'affût, et est active surtout la nuit.

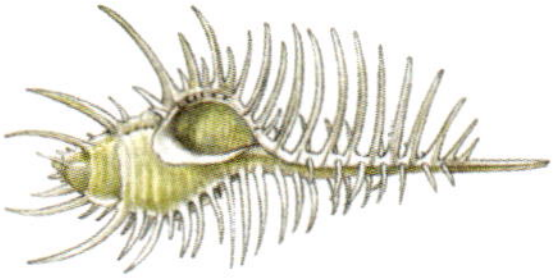

Murex peigne de Vénus

Murex pecten

Mollusques > Gastéropodes > Murex peigne de Vénus

Le peigne de Vénus est un mollusque gastéropode* qui possède une coquille très élégante, hérissée de dizaines d'aiguilles fines et pointues joliment arrangées comme un peigne. Ces épines le protègent et l'empêchent de s'enfoncer dans un sol trop mou. Lorsqu'il chasse des bivalves ou d'autres mollusques, ses épines lui servent peut-être à les bloquer. Il sécrète ensuite des acides qui fragilisent la coquille de sa proie, puis il gratte ce qui reste avec sa « radula », une sorte de langue munie de rangées de dents minuscules. Presque tous les mollusques ont une radula qui agit comme une râpe. Le peigne de Vénus se montre très patient : il peut gratter ainsi pendant une semaine avant d'accéder au corps mou de sa proie !

Comme la plupart des murex, il possède une glande qui produit une substance rouge. Dans l'Antiquité, on utilisait celle-ci pour fabriquer la « pourpre de Tyr », une teinture rouge qui servait pour les vêtements royaux ou de cérémonie. Les Phéniciens faisaient macérer les mollusques (sans la coquille) dans des bassins pour obtenir un suc violet. Après divers traitements, la couleur variait du violet foncé au lilas clair.

Nautile de Palau

Nautilus belauensis

Mollusques > Céphalopodes > Nautile

Le corps mou de ce mollusque est protégé par une jolie coquille spiralée, veinée de marron orangé. L'intérieur de cette maison est partagé en plusieurs loges (ou chambres) et l'animal vit dans la dernière, la plus grande et la plus proche de l'extérieur.

Sa tête porte environ 90 tentacules, qui ont des rôles précis. Certains servent à l'alimentation, par exemple : ces tentacules-là n'ont pas de ventouses et produisent une substance gluante qui permet de capturer les proies. Le nautile les dévore ensuite avec son bec dur (qui ressemble à celui d'un perroquet).

Le nautile est un grand timide qui ne se laisse pas facilement apercevoir, il préfère rester en profondeur, dans les eaux du Pacifique en Micronésie, là où il est le plus répandu.

L'espèce existe depuis plus de 500 millions d'années, elle a cotoyé les dinosaures ! Et même s'il a évolué, il possède toujours ses yeux archaïques qui lui offrent une vision peu précise, fonctionnant un peu comme une chambre noire.

Le nautile se déplace à reculons. Il possède une sorte de gouvernail (tuyère) situé sous ses tentacules. C'est un tube qui lui permet de rejeter l'eau dans toutes les directions et de se déplacer ainsi comme il veut.

Oursin violet

Sphaerechinus granularis

Échinodermes > Oursins > Oursin à pointes blanches

L'oursin violet (ou oursin granuleux) est un oursin européen très fréquent en Bretagne. Il est assez gros avec une belle forme régulière, de couleur pourpre-violet (parfois rose, bleue ou marron). Il porte une grande quantité de piquants (les radioles) très robustes à la pointe blanche. Cependant, les piquants sont émoussés : ils font peur, mais pas plus ! Pour se protéger, l'oursin se recouvre souvent d'objets variés : algues, morceaux de roches ou de coquillages... et ainsi il se camoufle de ses prédateurs. Cet oursin est herbivore et se nourrit d'algues qu'il broute sur la roche au moyen de sa mâchoire pourvue de 5 dents puissantes. Elle se trouve au centre de sa face inférieure, sur laquelle il est posé.

Poisson-papillon

Chaetodon bennetti

Vertébrés > Poissons osseux > Poisson-papillon

Ce poisson présent dans l'océan Indien et le Pacifique tropical est reconnaissable à son corps citron, à ses deux lignes bleu turquoise en forme de virgules et à ses ocelles noirs entourés de bleu sur le flanc. Même s'il fait partie d'un groupe (le genre *Chaetodon*) qui compte 90 espèces qui se ressemblent beaucoup, il est le seul avec deux lignes bleues sur le côté. Les ocelles noirs servent de leurre : les prédateurs s'attaquent à cette partie en pensant s'en prendre à la tête du poisson car ils croient que c'est un œil. Ainsi, les organes vitaux, situés près de la vraie tête, sont protégés. Pour se défendre, le poisson papillon-possède environ 14 épines sur l'avant de sa nageoire dorsale qu'il dirige vers ses prédateurs.

Poisson-chirurgien zébré

Acanthurus sohal

Vertébrés > Poissons osseux > Poisson-chirurgien

Le poisson-chirurgien zébré est une espèce endémique de la mer Rouge et du golfe Persique. On le rencontre sur les récifs jusqu'à 50 m de profondeur, où il bouge constamment. Rapide, nerveux, c'est un nageur agité et toujours à la recherche de nourriture. Il se nourrit d'algues qu'il broute sur les récifs.

Le poisson-chirurgien zébré est facilement reconnaissable à ses rayures noires sur fond blanc, avec des reflets légèrement bleutés. Il présente également une tache orange de chaque côté de sa queue. C'est un signal de danger, car il s'agit là de deux éperons très coupants (et probablement venimeux) qu'il utilise pour se défendre. Il redresse ses deux lames tranchantes pour faire face à des prédateurs, même plus grands que lui. Il défend d'ailleurs très férocement son territoire.

La femelle pond ses œufs en eau libre, ils sont emportés par les courants, puis se déposent sur les fonds marins où les larves se développent. Les juvéniles rejoignent ensuite les récifs.

Rascasse volante étoilée

Pterois radiata

Vertébrés > Poissons osseux > Rascasse volante

La rascasse volante est un poisson très reconnaissable avec ses longues épines blanches qui prolongent ses nageoires. Il existe d'autres espèces de rascasses, mais celle-ci est la seule qui présente des lignes blanches horizontales.

Solitaire, elle peut être observée dans les lagons jusqu'à 30 m de profondeur. C'est un prédateur redoutable : elle se nourrit de tout ce qui est plus petit qu'elle ! Et pour se défendre contre ses attaquants potentiels, elle a une bonne stratégie : elle se laisse avaler et, une fois à l'intérieur de la bouche de son agresseur, elle déploie ses épines empoisonnées, obligeant ce dernier à la recracher. Chaque épine est reliée à une glande à venin, et la piqure est très douloureuse, voire mortelle.

Requin-zèbre

Stegostoma fasciatum

Vertébrés > Poissons cartilagineux > Requin-nourrice

Ce requin est très élégant avec sa couleur beige tachetée de noir. Le jeune, lui, arbore un costume noir zébré de blanc, avant de changer progressivement en grandissant – ce qui a longtemps laissé croire qu'il existait deux espèces différentes.

Plutôt paresseux, il a l'habitude de vivre posé sur les fonds sableux des récifs coralliens. La nuit, il devient plus actif et se faufile dans les trous et les crevasses des récifs à la recherche de nourriture, principalement des mollusques, des crustacés et des petits poissons. Il les débusque grâce à des organes sensoriels disposés autour de sa bouche (les ampoules de Lorenzi*). Cela lui permet de détecter les champs électromagnétiques et la température des créatures enfouies dans le sable ou cachées dans des trous. Il les extrait en les aspirant avec sa bouche épaisse et musclée.

La femelle pond des capsules d'œufs qui s'accrochent aux récifs grâce à des vrilles adhésives. Le requin-zèbre est une espèce menacée car il est très pêché pour sa viande, ses ailerons et l'huile de foie.

Tortue caouanne

Caretta caretta

Vertébrés > Serpents et tortues aquatiques > Tortue aquatique

Les tortues de mer vivent dans les océans depuis plus de 100 millions d'années. Aujourd'hui, on ne compte plus que 7 espèces différentes, et presque toutes sont en voie de disparition. La tortue caouanne est la tortue de mer la plus commune en Méditerranée, elle est toutefois considérée comme une espèce menacée et protégée. Les tortues de mer sont nécessaires à l'écosystème des océans car elles nettoient les récifs de corail et le fond de la mer.

La carapace des tortues est formée de plaques osseuses recouvertes de corne. La disposition et le nombre de plaques caractérisent les différentes espèces de tortues marines.

Comme la tortue terrestre, la tortue marine a besoin de dioxygène, elle doit donc remonter à la surface pour respirer. Elle remonte aussi pour se réchauffer en se laissant flotter et dériver à fleur d'eau dans les courants.

Les petites tortues naissent dans le sable. Les œufs sont déposés par la femelle dans un nid creusé sur la plage et abandonnés à leur sort. Un nid contient en moyenne une centaine d'œufs. Lors de l'éclosion, les petites tortues brisent la coquille de l'œuf avec leur bec corné qui se termine en une pointe qu'on appelle le « diamant ». Elles foncent ensuite vers la mer et passent au moins leur première année camouflées dans les algues flottantes.

Voilier de l'Indo-Pacifique

Istiophorus platypterus

Vertébrés > Poissons osseux > Espadon voilier

Le voilier de l'Indo-Pacifique est l'un des poissons les plus rapides de l'océan, il peut nager jusqu'à 110 km/h (le record de vitesse à la nage pour un humain est proche de 9 km/h). Il tient son nom de sa grande nageoire dorsale en forme de voile, souvent plus haute que son corps. Il la déploie quand il nage près de la surface et la replie quand il est en profondeur.

La peau du voilier, habituellement gris-bleu argenté, vire au noir quand il chasse. C'est d'ailleurs un prédateur vorace qui fonce à toute vitesse sur les bancs de poissons en faisant battre sa voile de droite à gauche, espérant ainsi étourdir ou blesser un maximum de proies qu'il avale ensuite tranquillement.

Zooplancton

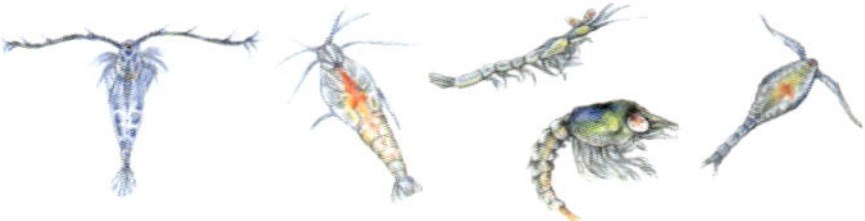

Le plancton regroupe des êtres vivants microscopiques (animaux et végétaux) qui flottent et se laissent porter par les courants marins. Le planton représente 98 % des organismes vivants marins (faune et flore). Dans 1 seul litre d'eau de mer, il peut y avoir 100 milliards d'organismes planctoniques ! Évidemment, ils sont si petits que tu ne peux pas les voir à l'œil nu. Dans le plancton, on distingue le **zooplancton**, spécifiquement composé d'animaux et d'organismes microscopiques, et le **phytoplancton** qui est végétal. Le zooplancton remonte à la surface, la nuit, pour se nourrir du phytoplancton et redescend la journée dans les eaux plus profondes et plus froides où il se plaît mieux. Ce mouvement du plancton animal est appelé « migration verticale quotidienne ». Certains animaux marins suivent cette migration verticale pour se nourrir.

2 Zone de moyenne profondeur

de -200 à -1 000 m

À plus de 200 m sous la surface de l'eau, seulement 1 % de la lumière du soleil est visible, la photosynthèse* n'est plus possible, il n'y a donc plus de phytoplancton à ces profondeurs. Les animaux qui y vivent doivent s'adapter au manque de lumière, mais aussi à la forte pression et à la température (entre 0 et 3 °C).

De ce fait, il y a beaucoup de poissons à l'aspect étrange et de créatures bioluminescentes. La bioluminescence* est la production de lumière par un organisme vivant.

Baudroie commune

Lophius piscatorius

Vertébrés > Poissons osseux > Baudroie

La baudroie est un poisson qui vit sur les fonds marins le long des côtes d'Europe, elle est fréquente sur celles de Provence. Elle a une énorme tête qui constitue la moitié de son poids, c'est impossible de la confondre avec un autre poisson !

Quand elle se pose sur le sable, bien à plat, on ne la voit plus. Elle est la reine du camouflage car sa couleur varie en fonction du milieu où elle se trouve. Même son énorme bouche est invisible quand elle est refermée. Ainsi cachée, la baudroie chasse à l'affût. Seule la sorte de canne à pêche qu'elle porte sur le dos dépasse et se balance. Au bout, un lambeau de peau fait croire à un appât appétissant. On appelle cet appendice le « filament pêcheur ». Il peut également être lumineux pour mieux attirer les proies. Quand un poisson approche, elle ouvre une gueule béante. Cela provoque une aspiration d'eau à laquelle le petit poisson a du mal à résister. Dans la bouche, les dents orientées vers l'arrière empêchent la proie de fuir.

Éponge lampadaire

Chondrocladia lampadigobus

Spongiaires > Éponges arborescentes > Éponge carnivore

Ce mystérieux organisme formé de sphères translucides est une éponge carnivore. C'est donc bien un animal ! Les pilotes des sous-marins l'appellent aussi familièrement « arbre à boules », « lampadaire » ou encore « *ping-pong beast* » (la bête ping-pong).

Si belle ainsi dressée et lumineuse, l'éponge ne ressemble plus à rien une fois qu'elle a été récoltée et sortie de l'eau, car son organisme devient complètement flasque.

Elle se nourrit de petits invertébrés qu'elle attrape grâce à de minuscules crochets (des spicules) situés sur la paroi de ses sphères lumineuses. La capture d'une proie déclenche une réaction de ses cellules digestives, qui se déplacent progressivement en direction de la proie, vers la surface, pour la digérer. La digestion peut durer plusieurs jours, et une fois que l'animal est entièrement consommé, les cellules reprennent leur place initiale.

Requin-lutin

Mitsukurina owstoni

Vertébrés > Poissons osseux > Requin

Cette espèce de requin comprend un seul genre, *Mitsukurina*. Le requin-lutin est unique avec son long museau aplati et ses mâchoires mobiles qu'il peut projeter en avant à une vitesse impressionnante pour capturer ses proies. Il a le mouvement de mâchoires le plus rapide de tous les animaux des océans, si rapide qu'on ne peut l'observer qu'au ralenti. Mais en dehors de ses mâchoires, le requin-lutin est assez lent et mou et ne nage pas vite. Son long museau est plutôt souple et ne peut donc être utilisé comme arme. Les scientifiques ne savent pas pour l'instant à quoi il sert, peut-être à fouiller le sable pour dénicher des proies. Le requin-lutin n'a pas une vue très développée, mais son museau est couvert d'ampoules de Lorenzi* qui lui permettent de détecter les champs magnétiques produits par des proies éventuelles (ou des prédateurs). Le développement de ce museau est peut-être une adaptation pour mieux survivre et trouver sa nourriture, rare dans les profondeurs.

L'espèce était déjà présente dans les eaux des océans au Crétacé, période qui se termine avec la disparition des dinosaures et de nombreuses autres formes de vie. Elle est connue depuis 1898, mais elle est peu étudiée car difficile à observer.

Vampire des abysses

Vampyroteuthis infernalis

Mollusques > Céphalopodes > Vampyromorphide

Le vampire des abysses est un céphalopode* des profondeurs qui vit dans tous les océans tempérés et tropicaux du monde. Bien qu'il ressemble aux calmars et aux pieuvres, il a son ordre à lui : Vampyromorphida, et cela en raison de ses filaments sensoriels rétractiles qui s'étendent bien au-delà de ses bras. Les autres espèces ne possèdent plus ces filaments. Il les laisse traîner dans l'eau pour se nourrir en collectant la neige marine* grâce à leurs poils collants. C'est un animal qui a peu évolué depuis son apparition il y a 300 millions d'années, ce qui lui vaut le nom de « fossile vivant ».

Comme tous les habitants des profondeurs, il a dû développer des stratégies pour survivre. Il est capable de contrôler ses organes luminescents pour produire des flashs de lumière toutes les fractions de seconde afin de désorienter ses prédateurs. Il peut aussi diffuser une lumière bleuâtre autour de lui, qui cache sa présence de manière efficace. Ses deux gros yeux globuleux détectent la moindre lueur. Il peut également éjecter un nuage de mucus bioluminescent qui crée un barrage lumineux lui permettant de s'enfuir. Cependant, il n'agit ainsi que s'il est très menacé, car la production de ce mucus lui demande beaucoup d'énergie. Or il doit économiser son énergie s'il veut survivre. S'il retourne ses bras à l'envers sur son corps, il prend une apparence effrayante, mais en réalité inoffensive. Il ne mesure pas plus de 30 cm !

3 Zone de grande profondeur

de -1 000 à -4 000 m

C'est la zone de minuit. Il y fait nuit, la lumière du soleil ne parvient pas jusque-là. La pression est très haute. Elle s'étend de 1 000 m à 4 000 m de profondeur. Les créatures qui y vivent sont souvent moins belles et peut-être même grotesques. En raison du manque de lumière à ces profondeurs, certains poissons sont dépourvus d'yeux. Ils ont souvent une peau douce et visqueuse et peu de muscles. Les poissons de cette zone sont devenus très économes en énergie, car il est particulièrement difficile pour eux de trouver des nutriments. Ils ont dû développer différentes stratégies pour se nourrir.

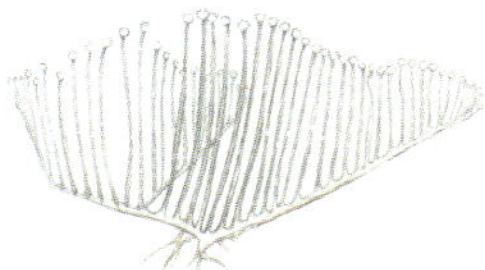

Éponge lyre

Chondrocladia lyra

Spongiaires > Éponges arborescentes > Éponge carnivore

Cette éponge a été découverte en 2012, dans l'océan Pacifique Nord-Ouest, vers 3 300 m de profondeur. On la reconnaît facilement avec sa forme de harpe ou de lyre. Composée de plusieurs bras qui supportent une série de branches verticales, elle fait aussi penser à un chandelier. Elle a probablement développé cette forme pour capturer plus de proies. En effet, ne te laisse pas avoir par son apparence fantaisiste et son nom, c'est en fait un prédateur des profondeurs. Elle consomme les petits animaux qui se prennent dans ses branches poilues qui fonctionnent comme des velcros. Quand ils sont coincés, elle les enveloppe dans une fine membrane et les digère lentement.

Méduse Atolla

Atolla wyvillei

Cnidaires > Méduses > Méduse-alarme

Cette méduse des profondeurs se retrouve dans tous les océans du monde. C'est une petite cloche rouge vif capable de bioluminescence* lorsqu'elle est attaquée. Elle émet alors une série de flashs bleus assez impressionnants qui se propagent en vagues circulaires. Cette lumière surprenante a pour fonction d'attirer un animal plus gros qui viendra la « sauver » de son prédateur en le mangeant ! La nourriture est rare à ces profondeurs, c'est donc une tactique astucieuse. Cette méduse est bien connue des explorateurs qui l'ont surnommée méduse-alarme. Quant à elle, elle consomme des petits crustacés et des nutriments planctoniques. Elle possède un tentacule plus long qu'elle laisse dériver au gré des courants et qui lui permet de piéger ses proies.

Pieuvre Dumbo

Grimpoteuthis

Mollusques > Céphalopodes > Octopode

Malgré son nom, la pieuvre Dumbo a très peu de ressemblance avec une pieuvre. Ce petit octopode* est pourvu de 8 bras reliés entre eux par une membrane. Ils prennent une forme de parapluie quand ils sont déployés. La pieuvre Dumbo possède aussi deux nageoires sur l'arrière de son corps qui lui servent à se déplacer et donnent l'impression qu'elle plane au-dessus des fonds océaniques à la recherche de vers, de bivalves et autres crustacés. Ses bras, recouverts d'une rangée de ventouses sensibles, lui permettent aussi de ramper au sol et de repérer ses proies.

Elle fait partie des octopodes connus pour vivre dans les profondeurs extrêmes. Pour échapper à ses prédateurs, elle ne produit pas d'encre, comme les autres poulpes, mais elle est capable de faire varier la couleur de sa peau transparente. Ainsi, pour se camoufler, elle prend la même couleur que le fond océanique.

Poisson-lanterne

Myctophidae

Vertébrés > Poissons osseux > Poisson-lanterne

Ce poisson vit dans la zone aphotique des océans. Aphotique signifie « sans lumière », c'est donc la région de la couche des eaux marines où ne pénètre aucun rayon solaire.

Comme tu peux l'imaginer, son nom de poisson-lanterne lui vient de sa remarquable aptitude à produire de la lumière. On appelle cela la bioluminescence*. La production de lumière est importante pour ces petits poissons : pour se repérer, se défendre ou se camoufler. Ils aiment vivre en bancs. Ils ont un corps mince recouvert d'écailles argentées et de gros yeux ronds.

Il existe de nombreuses espèces de poissons-lanternes, et à eux seuls ils représentent 65 % de la biomasse des animaux vivant dans les abysses. Ils sont une source importante de nourriture pour de nombreux animaux marins et constituent un maillon important de la chaîne alimentaire. Le poisson-lanterne, lui, se nourrit de plancton, mais absorbe aussi malheureusement les débris de plastique qui s'accumulent dans les océans.

4 Zone abyssale

de -4 000 à -6 000 m

La zone abyssale est très profonde, jusqu'à 6 000 m sous la surface de l'eau. En beaucoup d'endroits, l'océan ne descend pas plus bas. C'est donc souvent la zone la plus profonde.

Abyssal signifie « sans fond » en grec. Ces immenses profondeurs ne sont jamais atteintes par la lumière du soleil et la température y est très basse. Les calmars géants, les tripodes, les baudroies et les grands avaleurs sont quelques-uns des résidents permanents de la zone abyssale, ils sont tous capables de supporter d'immenses pressions. De nombreuses créatures abyssales ont des mâchoires non suspendues afin de pouvoir passer au crible le sable du fond.

Étoile de mer abyssale

Freyella elegans

Échinodermes > Astéries > Brisingidée

Les étoiles de mer de la famille des Brisingidées sont très particulières et parfois confondues avec les ophiures (voir animal suivant). Avec leurs longs bras articulés couverts de pointes, elles ont une anatomie différente de l'étoile de mer que tu connais. Ces étoiles de mer abyssales vivent toutes dans les grandes profondeurs, et comme beaucoup de créatures des grands fonds, elles sont très difficiles à observer et à étudier. La *Freyella* est composée d'un petit disque au centre et de 12 bras longs et plutôt rigides, recouverts de pointes. On la trouve à plus de 4 000 m de fond et elle est rarement remontée intacte à la surface par les océanographes. On sait donc peu de choses sur les habitudes et l'alimentation de la *Freyella*.

Ophiure

Ophiura profondissima

Échinodermes > Ophiures > Ophiure

L'ophiure est un échinoderme* qui ressemble à une étoile de mer, mais elle n'en est pas une.

L'ophiure a de longs bras souples et articulés ressemblant à des serpents, qui lui permettent de ramper lentement sur les fonds marins à la recherche de nourriture. Elle est détritivore, ce qui signifie qu'elle mange des détritus tombés sur le fond. Elle participe ainsi au nettoyage des fonds océaniques.

On trouve des ophiures dans tous les océans du monde, dans une grande variété d'habitats et même dans les grandes profondeurs. On a observé des ophiures jusqu'à 8 000 m de profondeur. Elles aiment bien se regrouper en tas grouillants. Attaquées par un prédateur, elles peuvent abandonner un bras. Celui-ci continue de bouger plusieurs heures durant, occupant ainsi le prédateur pendant que l'ophiure prend la fuite.

5 Zone des fosses océaniques

de -6 000 à -11 000 m

C'est la zone la plus profonde de l'océan. Tu as probablement déjà entendu parler de la fosse des Mariannes, dans l'océan Pacifique, la plus profonde du monde : 11 034 m mesurés actuellement. Seuls 4 submersibles ont atteint de telles profondeurs : le dernier, en 2012, était le *DeepSea Challenger*, conçu pour atteindre le point le plus bas de l'océan nommé Challenger Deep. Le record est cependant toujours détenu par le bathyscaphe *Trieste* qui a plongé à 10 916 m, le 23 janvier 1960. Dans cette zone, la pression de l'eau est extrêmement forte. La vie y est très rare, mais elle existe tout de même, sous la forme des vers tubes et autres micro-organismes invertébrés.

Cochon de mer

Scotoplanes globosa

Échinodermes > Holothuries > Concombre de mer des abysses

Le cochon de mer est une espèce de concombre de mer des abysses. C'est une holothurie tout comme l'holothurie tubuleuse. Il a été découvert à la fin du XIXe siècle. Il vit en général à plus de 1 000 m de fond, mais il est encore abondant à plus de 6 000 m de fond. Il possède 7 paires de pieds, un corps gonflé et rosâtre translucide, ainsi que 4 longs tentacules dorsaux. Il vit avec ses congénères en groupes denses de plusieurs centaines de membres (jusqu'à 600 individus) qui avancent ensemble dans la même direction, fouillant les fonds vaseux. Le cochon de mer trie le sable et porte les nutriments trouvés à sa bouche à l'aide de ses tentacules pourvus de petits doigts.

Différents types d'anatomie d'animaux marins

Dauphin

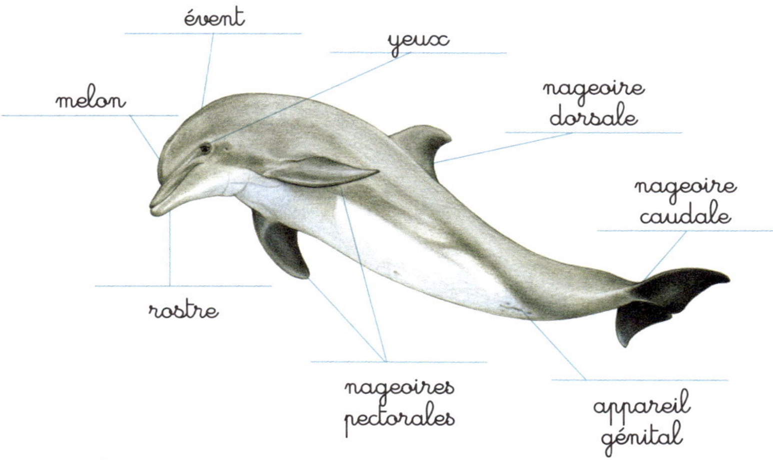

évent : situé sur le dessus de la tête, l'évent permet la respiration. Le dauphin étant un mammifère, il doit remonter à la surface pour remplir ses poumons d'air.
L'évent remplace les narines. C'est un muscle puissant actionné volontairement par le dauphin. Il l'ouvre hors de l'eau pour respirer et le ferme bien hermétiquement quand il replonge. Le dauphin doit monter respirer au moins toutes les 15 minutes.

nageoire dorsale : située sur le dos du dauphin, cette nageoire assure sa stabilité. Elle ne possède pas d'os et sa taille varie d'une espèce à l'autre. Cette nageoire joue aussi un rôle pour réguler la température du dauphin.

nageoire caudale : ou plus communément, queue. Elle est formée de deux nageoires sans os.
Le dauphin utilise sa nageoire caudale, aplatie et placée à l'horizontale, comme une pagaie pour se propulser en avant en la faisant bouger de haut en bas.

nageoires pectorales : situées de chaque côté du ventre de l'animal, elles lui servent à se diriger, à freiner et à se stabiliser. Elles sont un élément essentiel pour la nage chez le dauphin. Elles contiennent des os, que l'on peut comparer à ceux de notre main.

rostre : c'est le bec ou la bouche du dauphin. Mesurant environ 20 cm, il est plus ou moins long selon les espèces. À l'intérieur de sa bouche, le dauphin possède entre 80 et 100 dents pointues.

melon : c'est une bosse composée de graisse, de muscles et de canaux située sur l'avant, au-dessus du rostre. On pense que le melon sert à amplifier et à diffuser les sons produits par le dauphin. Ceux-ci sont variés : cliquètement, soupir, sifflement, chuintement, trilles...
Ces sons permettent au dauphin de communiquer avec ses semblables et de naviguer. C'est l'écholocation : le melon projette les sons qui rebondissent ou se répercutent sur d'autres objets ou animaux avant de revenir vers le dauphin qui peut ainsi savoir avec précision ce qui se trouve dans son environnement proche ou lointain.

yeux : les yeux du dauphin lui permettent de voir en haut, en bas et derrière lui. En revanche, il ne voit pas bien devant lui. Grâce à leur cristallin qui se déforme légèrement en passant d'un milieu à l'autre, les yeux du dauphin voient aussi bien sous l'eau que hors de l'eau.

appareil génital : les mâles comme les femelles possèdent deux orifices en bas du ventre, sous le nombril : une fente génitale (pour la reproduction) et une fente anale (pour se débarrasser de leurs excréments). On distingue chez la femelle deux petites fentes mammaires de chaque côté : elles contiennent de petits mamelons qui sortent pour l'allaitement du delphineau.

Poisson osseux

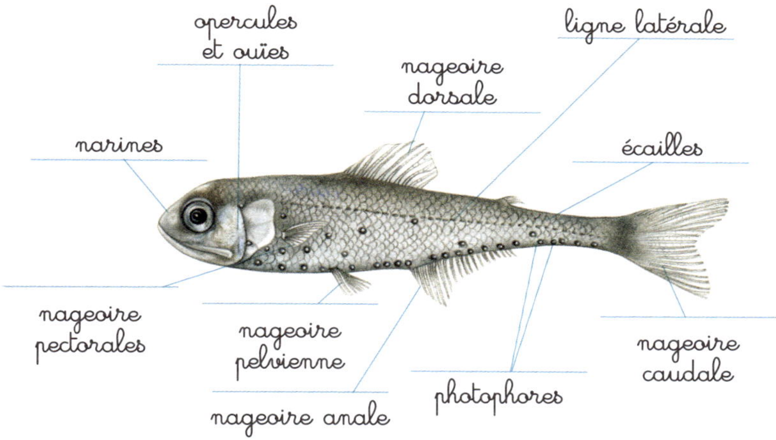

nageoire dorsale : située sur le dos, cette nageoire est souvent soutenue par des rayons qui peuvent se dresser ou s'abaisser. Elle est parfois prolongée par des épines.

nageoire caudale : située à l'extrémité de la queue, elle termine le corps du poisson. La nageoire caudale des poissons est toujours verticale (contrairement à celle du dauphin). Elle sert à le propulser vers l'avant.

nageoires pectorales : elles vont par paires et sont situées de chaque côté du corps, en arrière des opercules. Elles ressemblent souvent à un éventail.

nageoire pelvienne : située sous le ventre, à l'avant du corps, elle est formée de rayons et d'une membrane comme la nageoire dorsale. Elle sert à assurer l'équilibre.

nageoire anale : située sous le ventre, à l'arrière du corps, elle est aussi formée de rayons et d'une membrane. Son rôle est également d'assurer la stabilité.

ligne latérale : ligne qui traverse le corps du poisson sur sa longueur. C'est un canal situé sous la peau qui permet de détecter les vibrations de l'eau et ainsi de localiser des objets ou des animaux.

opercules et ouïes : les opercules recouvrent les branchies, qui sont les poumons des poissons, et ferment les ouïes (fentes latérales). Les opercules permettent la respiration du poisson, ils se soulèvent ou s'abaissent pour laisser l'eau entrer et sortir par les ouïes.

écailles : ce sont de petites plaques fines et dures superposées les unes sur les autres qui recouvrent le corps du poisson.

narines : les narines, chez le poisson, ne lui servent pas à respirer, mais à analyser les odeurs dans l'eau, ce qui lui permet de détecter de la nourriture, une proie, ou de reconnaître un lieu (le lieu où il est né, par exemple, pour les saumons et les truites).

photophores : ce sont des petits organes producteurs de lumière. Ils peuvent être très sophistiqués, équipés d'obturateurs, de filtres de couleurs, de réflecteurs, ou bien très simples. Leur fonction est d'attirer les proies ou d'effrayer les prédateurs.

Calmar (céphalopode*)

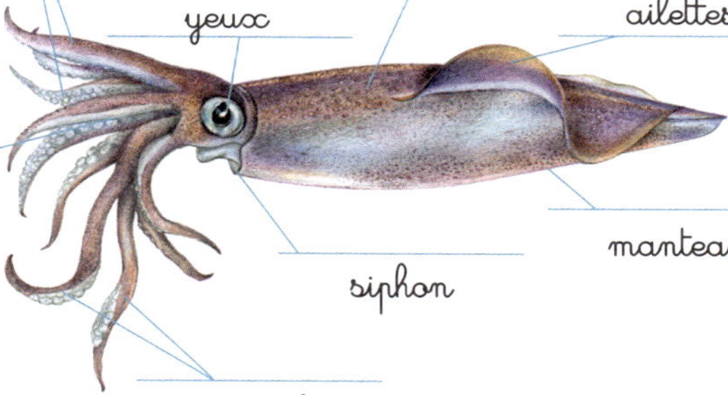

siphon : situé entre la tête et le reste du corps, cet organe en forme de tube (plus ou moins long) permet l'entrée et la sortie de l'eau. Le calmar se déplace en éjectant de l'eau avec force par son siphon. Il peut aussi l'orienter dans différentes directions pour modifier sa trajectoire.

bras : les céphalopodes ont généralement 8 bras, situés sur leur tête. Ils vont par paires qui ont des fonctions différentes.

tentacules : c'est 1 paire de bras plus longs et plus larges que les autres. Ils servent à capturer des proies car leur extrémité est garnie de ventouses.

manteau : cette enveloppe musclée abrite et protège les organes de l'animal. Chez certains céphalopodes, le manteau fabrique une coquille (comme chez le nautile).

bec : la bouche des céphalopodes est cachée au milieu de leurs bras. Elle possède un bec corné extrême dur et tranchant. C'est le seul tissu dur des céphalopodes. Quand le calmar est mangé par un prédateur, celui-ci ne peut pas digérer le bec, beaucoup trop dur !

ailettes : cette paire de nageoires est située à l'arrière de l'animal. Les ailettes sont plutôt utilisées pour les déplacements lents, comme l'approche d'une proie. Elles ne sont pas présentes chez tous les céphalopodes.

yeux : les céphalopodes ont généralement de gros yeux. Le calmar colossal possède les plus grands yeux de tous les animaux du monde, ils sont un peu plus grands qu'un ballon de foot !
Ces gros yeux sont essentiels pour aider le calmar à repérer les grands prédateurs afin de s'échapper rapidement.

chromatophores : ces cellules situées sur la peau de l'animal réfléchissent la lumière. Elles sont capables de modifier la couleur et les motifs de sa peau. Les chromatophores servent de moyen de communication visuelle, ou bien permettent à l'animal de se dissimuler dans l'environnement en prenant la même couleur que le fond marin.

Crabe

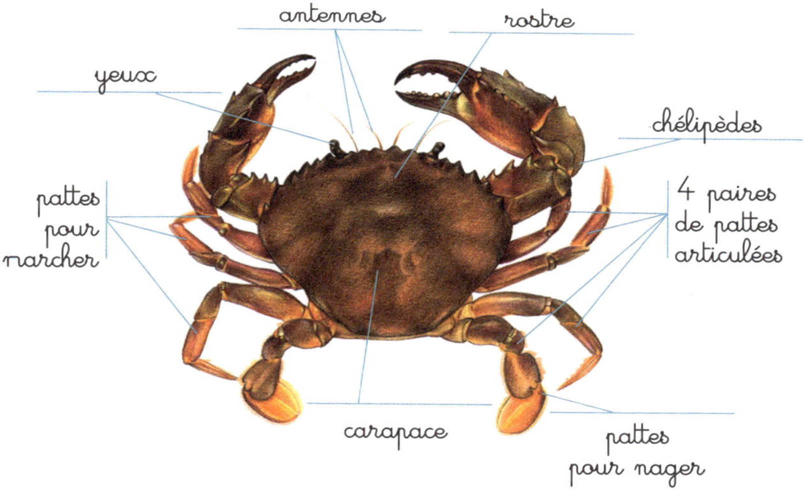

carapace : la tête et le thorax sont recouverts d'une carapace unique qui englobe deux cavités abritant les branchies de l'animal. La carapace peut avoir des pointes, ou épines, elle peut être ronde, triangulaire, rectangulaire ou ovale. Comme la carapace ne grandit pas, les crustacés doivent de temps en temps s'en séparer et en fabriquer une autre au cours de leur croissance.

rostre : le rostre est la partie de la carapace située au niveau des yeux, à l'avant de la tête.

yeux : les yeux à facettes – comme ceux des insectes – sont logés au bout de deux tiges articulées, ce qui offre au crabe un champ visuel très large.

antennes: le crabe possède 2 paires d'antennes. Ces organes sensoriels lui servent à enregistrer les sensations du toucher et du goût.

4 paires de pattes articulées: ce sont des membres articulés, protégés par un exosquelette (un squelette externe). Les pattes de la plupart des crustacés repoussent en cas de perte.

pattes pour marcher : 3 paires de pattes servent au crabe à se déplacer sur le sol en marchant de côté. Elles l'aident aussi à rassembler les aliments.

pattes pour nager: 1 paire de pattes plus développées permet la nage dans l'eau.

chélipèdes: ce sont les 2 membres qui se sont développés et qui se terminent par une pince. Ils sont généralement de taille différente.

Tortue de mer

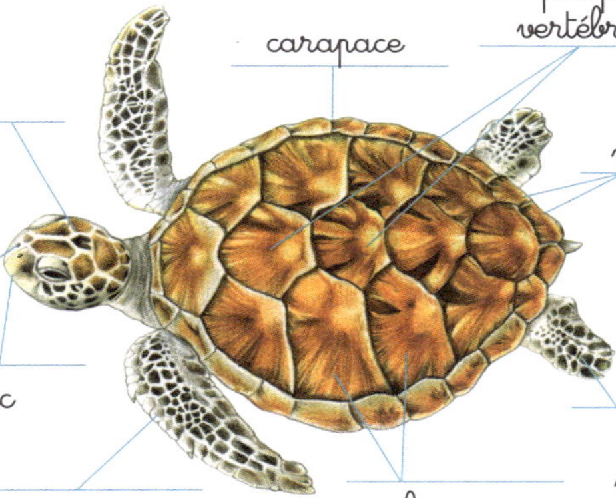

carapace : cette seconde peau de la tortue est recouverte de plaques dures, les écailles, qui sont différentes selon les espèces. En cas de blessure, les écailles peuvent se reconstituer. Le dessous de la carapace s'appelle le « plastron ».

plaques latérales (ou costales) : ce sont les plaques situées sur les côtés de la carapace.

plaques vertébrales : ce sont les grandes plaques centrales, disposées en une rangée le long de la colonne vertébrale de la tortue.

plaques marginales : ce sont les plaques plus petites qui courent le long du bord de la carapace.

tête : contrairement aux tortues terrestres, la tête de la tortue marine ne peut pas se rétracter à l'intérieur de sa carapace.

bec : le bec corné des tortues est très dur. Il est spécialisé selon leur régime alimentaire qui peut être très varié (méduses, éponges, algues, poissons ou mollusques).

narines : la tortue doit remonter à la surface pour respirer de l'air. Ses deux narines lui permettent de prendre beaucoup d'air en une seule inspiration.

pattes natatoires antérieures : les pattes avant de la tortue sont très musclées, leur forme large et allongée lui permet de pousser l'eau pour nager.

pattes natatoires postérieures : les pattes arrière servent de gouvernail. Tout comme les pattes avant, elles sont larges et aplaties, mais beaucoup plus petites. Les 4 pattes natatoires ne peuvent pas se rétracter dans la carapace.

Lexique

Ampoules de Lorenzi :

Les ampoules de Lorenzi sont des organes sensoriels spéciaux que possèdent certains poissons. Elles leur permettent de détecter les différences de température, ainsi que les objets ou les animaux autour d'eux. Parmi ces poissons, on compte les requins, les raies et les chimères (des poissons des abysses).

Bioluminescence :

La bioluminescence est la production de lumière par un organisme vivant. C'est une manifestation qui se produit dans les cellules contenant une forte concentration en luciférine. Quand cette substance se mélange avec du dioxygène, elle émet une lumière qui peut être bleue, jaune, rouge... selon les espèces. Les poissons vivant dans les abysses ont besoin de cette lumière pour écarter les prédateurs, pour se camoufler ou au contraire attirer leurs proies, ou pour communiquer entre eux. C'est le même phénomène qui se produit chez les lucioles et les vers luisants.

Céphalopode :

Les céphalopodes représentent un groupe de mollusques dont la tête est munie de tentacules (ou bras). On trouve parmi eux les calmars, les pieuvres, les seiches et les nautiles.

Cnidaire :

Les cnidaires représentent un groupe d'animaux aquatiques (essentiellement marins). On distingue deux formes :

- les cnidaires fixes, on parle de « polypes ». C'est le cas du corail ou des anémones de mer ;
- les cnidaires nageurs. Ce sont alors des méduses.

Échinoderme :

Les échinodermes sont un groupe d'animaux marins qui comprend les oursins, les étoiles de mer, les concombres de mer (ou holothuries), les ophiures et les crinoïdes.

Échinoderme signifie « épines dans la peau ». En effet, ces animaux n'ont pas d'os, mais un squelette interne sous la peau.

Ils sont souvent pourvus de piquants, peu visibles chez certains et bien visibles chez d'autres comme les oursins. Ces animaux ne présentent pas la même symétrie que nous. On ne sait pas où est leur tête ni leur queue, car ils n'en ont pas ! Généralement, les échinodermes ont un corps divisé en 5 parties (comme les étoiles de mer). Ils possèdent aussi des milliers de pieds minuscules, appelés « podia », qui leur permettent de se déplacer.

Gastéropode :

Les gastéropodes représentent un groupe de mollusques aquatiques ou terrestres munis d'un large pied ventral (servant à avancer ou nager) et le plus souvent d'une coquille. Les gastéropodes forment une classe importante, regroupant actuellement plus de 7 000 genres.

Neige marine :

Ce qu'on appelle « neige marine » est une grande quantité de particules qui tombent vers le fond des mers et des océans et qui proviennent des couches supérieures. La neige marine est composée d'animaux et de plantes en décomposition et d'autres débris et poussières. Elle voyage plusieurs semaines avant d'atteindre le fond. En route, elle est consommée par de nombreux animaux, principalement ceux qui se trouvent dans les zones sans lumière, où il y a peu à manger.

Octopode :

C'est le nom que l'on donne aux mollusques céphalopodes qui possèdent 8 bras. *Octo* signifie « huit » en latin, et pode est dérivé du mot grec signifiant « pied ». On distingue les pieuvres à 8 bras, des calmars et des seiches qui possèdent 2 bras supplémentaires plus longs, appelés tentacules.

Photosynthèse :

La photosynthèse est le processus par lequel les végétaux produisent leur matière organique à partir de la lumière du soleil, de l'eau et des nutriments puisés dans le sol. Durant ce processus, les plantes utilisent la lumière du soleil et le dioxyde de carbone et rejettent du dioxygène. Sans la photosynthèse il n'y aurait pas de vie sur terre.